CRIMSON GRIMOIRE

EL GRIMORIO CARMESÍ

A-10

1

Índice

¿HM...? CREO QUE ME HE ECHADO UNA CABEZA-DITA...
¿QUÉ OCURRE? ME HAS TENIDO ESPERANDO UNA ETER-NIDAD.
TÚ DEBES DE SER UNA NUEVA HECHICERA DEL LIBRO.

Página 1: Beautiful Stranger

* FUNERAL AKANE ÔMUGI
*故 大麦茜 様 告別式会場
HA SIDO UNA CEREMONIA PRECIOSA.
MUY PROPIA DE UNA ARTISTA COMO ELLA.

USTED DEBE DE SER WAKABA ÔMUGI.
ENCANTADO. SOY EL ABOGADO ENCARGADO DE EJECUTAR EL TESTAMENTO DE SU BISABUELA.
ES UN PLACER...
TENGO ALGO PARA USTED.
¿EH...?
¿ESTÁ SEGURO...?
LA MANSIÓN DE LA SEÑORA ÔMUGI...
ASÍ COMO LA COLECCIÓN DE OBRAS QUE CONTIENE...
SON AHORA...

DE SU PROPIEDAD.
...
CREO QUE ESTOY CONTANDO MAL LOS CEROS, MAMÁ...
¡ES UNA FORTUNA!
¡CÓMO SE NOTA QUE ERAS LA FAVORITA DE LA ABUELA!
¡ERES MULTIMILLONARIA Y AÚN NO HAS TERMINADO DE ESTUDIAR!
¡MAMÁ! ¡ESTAMOS EN UN FUNERAL!
DISCULPE...
ME TEMO...
QUE HAY UNA CONDICIÓN QUE DEBE ACEPTAR ANTES DE RECIBIR SU HERENCIA.

* NAGAHISASHÔ - ANTIGUO CAMPO DE BATALL.

EHM...
¿SE PUEDE?
QUE TONTERÍA, SI TODO ESTO ES MÍO...
AUNQUE NO ME LO CREA.
コッ TAP
コッ TAP
コッ TAP

ABUELA...
SOY YO, WAKABA. HACÍA MUCHO QUE NO TE VEÍA.
AÚN NO ME HE HECHO A LA IDEA DE QUE LA CASA AHORA ES MÍA.
¿HAS VISTO? YA ES VERANO...
EL CLUB DE PINTURA HA CERRADO Y HE VENIDO A DIBUJAR, COMO CUANDO ERA PEQUEÑA.
¿TE ACUER-DAS...
DE LO QUE...
ME DIJIS-TE...
ENTON-CES...
...ABUE-LA?

OH...
BUEN TRABAJO, WAKABA.
EXPRESA MUY BIEN LO QUE SIENTES.
¿EH?
¿LO QUE SIENTO?
SÍ, LO QUE SIENTES.
SI SIGUES DIBUJANDO ASÍ...
SI SIGO DIBUJANDO ASÍ...
...ALGÚN DÍA TODO EL MUNDO...
ESCUCHARÁ TU CORAZÓN.
ABUELA...
HE SEGUIDO... TUS PASOS, ¿SABES?
SIGO... SIGO DIBUJANDO...
OJALÁ ESTUVIERAS AQUÍ.

...
クル FLIP
クル FLIP
クル FLIP
クル FLIP
AH... LO SABÍA.
¡NO PUEDO RESISTIRME!
ガタッ CLAC
YA SÉ QUE NO ES EXCUSA...
PERO SI TE DEJAN UNA HERENCIA ASÍ...
NO PUEDES PEDIRLE A ALGUIEN QUE NO VAYA A EXPLORAR.
¿Y SI ENCUENTRO...
UNA HABITACIÓN SECRETA...
CON LA COLECCIÓN PRIVADA DE LA ABUELA?
“SABÍA QUE LA DESCUBRIRÍAS, WAKABA”.
¡ES COMO SI LO OYERA!

¿EH...?
QUÉ CHICA MÁS GUAPA...
¿Y ESOS GRILLETES...
ROJOS?
¡AH!
ES EXTRAÑO.
AL CUADRO...
LE PASA ALGO RARO.

* REFERENCIAS

...
JA, JA, JA, JA.
SI ES QUE PAREZCO TONTA...
¿QUÉ HAGO MOVIENDO TODO ESTO?
ZRAS
ZRAS
ZRAS
YA VERÁS.
ME TOCARÁ DEVOLVERLO TODO A SU SITIO.
¡CHAN!
ESTO NO SALE EN LOS PLANOS.

WEM GOTT WILL RECHTE GUNST ERWEISEN,
DEN SCHICKT ER IN DIE WEITE WELT.
UN MO-MENTO...
¿NO TIENE POMO?
...
NO ES POSIBLE.
YA HE VISTO ESTO ANTES.
カチッ
CLAC
ゴクリ…
GLUP
ギイイイイイイ…
ÑIIIG
!!

...
VEN-GA...
¡TENGO QUE SEGUIR!
カツーン…
TAP
カツーン…
TAP
カツーン…
TAP
ガタタッ
TEKE
ガタタッ
TEKE
ガタタッ
TEKE
バターン
PLAC
ギュオオオオオオッ
FSHUOOO
FLAP
FLAP
FLAP FLAP FLAP

NO SABÍA QUE LA MAN-SIÓN...
TUVIERA ESTOS SÓTA-NOS.
CLAAANC
¡AH!
¿EH...?
CLEC
¿EH...?
CLEC
¿¡EH!?
NO... NO... ¡NO PUEDE SER!
CA-CLANC
CA-CLANC
NO SE ABRE.
SI NO HAY UNA SALIDA AL OTRO LADO...
CLEC
CLEC
CLEC
CLEC
ME HABRÉ QUEDA-DO...

NI SIQUIERA LLEGA LA LUZ.
SI VIERA ALGO...
OIGO EL ECO DE MIS PASOS.
TENGO MIEDO.
TAP
¿ESTOY EN UNA HABITACIÓN?
HA SIDO UN ERROR.
TAAAP
EL SUELO ESTÁ FRÍO...
¿POR QUÉ HE VENIDO?
TENGO MIEDO.
¿ESTO ES CEMENTO?
NO SE OYE NADA.
TENDRÍA QUE HABER...
TAAAP
¡SOCORROO!
¿ERES TÚ, AKANE?
BSSS
¿QUIÉN...?
¿¡QUIÉN ERES!?
PLIC

FSHUUU
ジャラ…
CLINC
ジャラ…
CLINC

VAYA, VAYA...
¿A QUIÉN TENEMOS AQUÍ?
LOS GRILLETES ROJOS Y ESOS OJOS AZULES...
¡ES LA CHICA DEL CUADRO!
¿TÚ TAMBIÉN ERES UNA HECHICERA DEL LIBRO?
PE... PERDONA, NO TE ENTIENDO...
VAMOS A VER.
TIENES QUE SER LA HIJA DE AKANE.
HASTA YO VEO EL PARECIDO.
¿DÓNDE ESTÁ?
YA NUNCA VIENE.

AKANE ÔMUGI...
ACABA DE MORIR. ERA MI BISABUELA.
...
¿CÓMO IBA A SER TU BISABUELA, IDIOTA?
PLAC
¡AH!
¿¡EN QUÉ...
AÑO ESTAMOS!?
¿EH?
¿CUÁNTO TIEMPO HA PASADO...? ¿¡CUÁNTO TIEMPO HA PASADO DESDE LA GUERRA!?

A VER...
ENTRE SETENTA Y OCHENTA AÑOS.
SE-TEN-TA...
¡ESA BRUJA ME HA ENCERRADO Y HA TIRADO LA LLAVE, JODER!
ESPERA...
NO ME HAS DICHO QUIÉN ERES.
¿QUÉ ES UNA HECHICERA DEL LIBRO?
¿DE VERDAD...?
¿NO TIENES NI IDEA...
DE LO QUE SE CUECE AQUÍ?
AL MENOS SABRÁS QUE EL PAÍS HA ESTADO EN GUERRA, ¿NO?
SÍ...
BIEN, ASÍ SOLO TENDRÉ QUE HABLARTE...
DEL PUÑADO DE HECHICEROS QUE LUCHÓ DESDE LAS SOMBRAS. ALGUNOS ERAN TAN FUERTES...
QUE PODRÍAN HABER DECIDIDO EL FINAL DE LA BATALLA.

TRAS LLEGAR A UN ACUERDO CON EL GRAN PODER DE LOS GRIMORIOS...
SE VOLCARON EN SU MISIÓN DE PRESERVAR EL FUTURO DE LA HUMANIDAD CORRIGIENDO, DIRIGIENDO Y PROTEGIÉNDOLA DESDE LAS SOMBRAS.
INCLUSO ENTRE ELLOS, ERA UNA LEYENDA.
LA BATALLA DE INGLATERRA, EL FRENTE ORIENTAL, LOS BOMBARDEOS...
LOS RUMORES SOBRE ELLA INUNDABAN EL CAMPO DE BATALLA.
¿EH? PERO...
¿DE QUIÉN ESTÁS HABLANDO?
¿DE QUIÉN VA A SER?
DE AKANE.
TU BISABUELA...
ERA UNA BRUJA.

VIAJABA CON ELLA APAGANDO LOS DESASTRES...
QUE PRENDÍAN EN CUALQUIER ALDEA, CIUDAD O PAÍS.
EN...
ENTONCES...
NO SOY UN SER HUMANO, SI ES LO QUE INTENTAS DECIR.
PUEDES LLAMARME “CAPERUCITA ROJA”.
SOY LA ENCARNACIÓN DEL GRIMORIO CON EL QUE TU BISABUELA SELLÓ SU PACTO.
NOS LLAMAN “LAS BESTIAS MÁGICAS DEL LIBRO”.

BOOOM
TAP
¡IDIOTA!
¿¡QUÉ HAS TOCADO YA!?
¡AAAAAAAH!
CROC
CROC
CROC
CROC
¡RES-PONDE!
¿¡HAS SOLTADO ALGO QUE NO DEBÍAS!?
¡NO LO SÉ! ¡NO LO SÉÉÉ!

CROC
CROC
CROC
CROC
CROC
HMF...
EL TECHO NO VA A AGUANTAR.
YO PUEDO AYUDARTE.
LIBÉRAME.
CLINC
CLINC
¿QUE TE LIBERE...?
¡SI TE PARECE, SEGUIMOS HABLANDO Y DEJAMOS QUE EL TECHO NOS APLASTE!
CLINC
¡VE A POR LA LLAVE!
¿EH?
¿¡EH!?
EL SEGUNDO CUADRO DESDE ARRIBA.
¡¡NO ESTÁ!!
¡¡AQUÍ NO HAY NADA!!
¡¡EN LA PARTE DE ATRÁS NO HAY NINGUNA LLAVE!!
NI LA HABRÁ.
LA TIENES EN LAS MANOS.

EL CUADRO.
EL CUADRO ES LA LLAVE.
VAMOS...
SÁCALO.
...
¿EH...?
¿QUÉ DICES? ES IMPOSIBLE...
¡¡A MÍ NO ME DIGAS LO QUE ES IMPOSIBLE!!
CLINC
¡¡TIENES QUE HACERLO Y PUNTO!! ¡¡ERES DESCENDIENTE DIRECTA DE AKANE ÔMUGI, UNA HECHICERA DEL LIBRO!!
CROC
CROC
¡¡SI ES CIERTO QUE NO PUEDES, TE GARANTIZO QUE NO SALDREMOS DE AQUÍ CON VIDA!!

LAS IMÁGENES QUE LOS HECHICEROS CREAN USANDO LA PLUMA Y SU SANGRE...
¡PUEDEN TOCARSE!
¡LAS PUEDES SACAR DEL LIENZO!
¡ES LA LLAVE! ¡Y ESTÁ HECHA CON SU SANGRE!
¡¡AHORA DAME UNA SOLA RAZÓN POR LA QUE NO PUEDAS HACERLO!!
¡¡NO PUEDO!! ¡¡ES IMPOSIBLE!!
¡¡NI SIQUIERA ENTIENDO LO QUE INTENTAS DECIRME!!
¡¡INTENTO DECIRTE QUE TÚ PUEDES, MALDITA SEA!!
¡NI SIQUIERA...
ES LA PRIMERA VEZ QUE LO HACES!
¿EH?
SI NO...
¡DIME DE DÓNDE HA SALIDO ESA LUZ!
SOLO HE TOCADO SIN QUERER EL INTERRUPTOR DE LA PARED.

¿¡QUÉ INTERRUPTOR!?
あ…
AH...
あ!
¡AH!
¿LO ENTIENDES AHORA?
ERES UNA HECHICERA DEL LIBRO.
NO ES VERDAD...
HE NOTADO CÓMO SE MOVÍA.
ES... ESTABA AHÍ...
LA PROPIA AKANE INSTALÓ ESTA PRUEBA EN LA SALA.
ON
Y TÚ LA HAS PASADO.

TE LO DIRÉ POR ÚLTIMA VEZ.
PUEDES TOCAR Y EXTRAER DE LOS CUADROS TODO CUANTO SE HAYA DIBUJADO...
CON LA PLUMA MÁGICA QUE TE HAN ENTREGADO.
LO QUE SE MATERIALIZA DE ESTE MODO, NADA TIENE QUE ENVIDIAR A LOS OBJETOS QUE SIEMPRE HAN SIDO REALES.
SIN EMBARGO, SOLO PUEDEN SER DESTRUIDOS MEDIANTE ALGO DE SU MISMA NATURALEZA.
FSHUOOO
LA COMPLEJIDAD Y EL PODER DEPOSITADO EN EL DIBUJO...
ESTÁN ESTRECHAMENTE LIGADOS AL TIEMPO QUE EL OBJETO PUEDE ESTAR MATERIALIZADO.
ZRAS
ZRAS
ZRAS
SIN EMBARGO...

SOLO HACE FALTA SER UN HECHICERO DEL LIBRO PARA PODERLO EXTRAER DE SU FUENTE INMATERIAL, AUNQUE NI SIQUIERA SEPAS LO QUE ESTÁS HACIENDO.
TAL COMO HAS HECHO.
カチャリ…
CLINC
¿LISTA? APUNTA BIEN.
TIENES QUE DARLE A LA CADENA. NO A MÍ.
ジャラ…
CLINC
BOOOM

パラ…
ROC
パラ…
ROC
パラ…
ROC
ROC
ケホ
¡COF!
ケホ
¡COF!
CAPERUCITA...
¿¡DÓNDE ESTÁS!?
はっ…
AH...
AL FIN, LIBRE.
¡¡LIBREEEEE!!
¡¡MUA, JA, JA, JA, JA, JA, JA!!

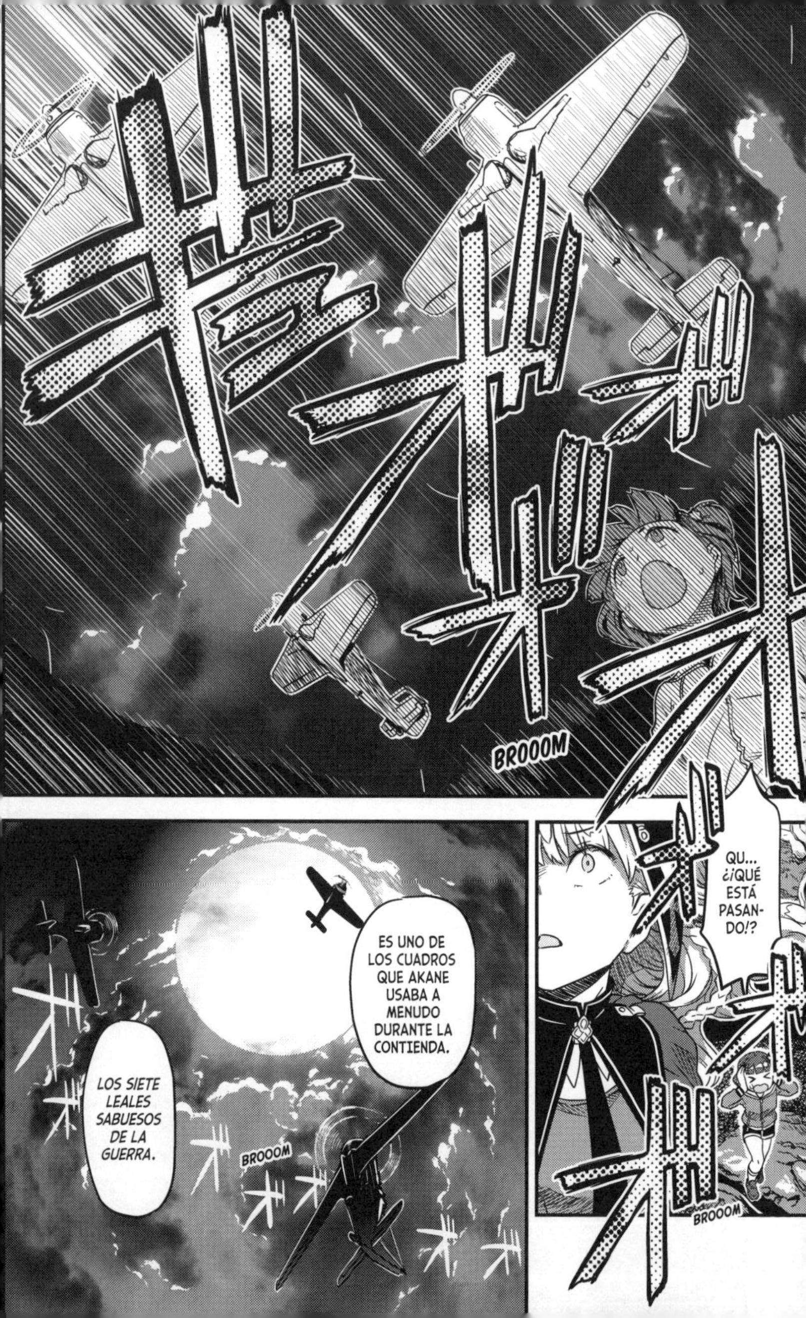
BROOOM
QU... ¿¡QUÉ ESTÁ PASAN-DO!?
BROOOM
ES UNO DE LOS CUADROS QUE AKANE USABA A MENUDO DURANTE LA CONTIENDA.
LOS SIETE LEALES SABUESOS DE LA GUERRA.
BROOOM

BROOOM
YA VEO...
PUEDE QUE AKANE TENDIERA LA TRAMPA.
DEBEN DE SER SUS PERROS GUARDIANES, POR SI ALGÚN COMPAÑERO DE PROFESIÓN DECIDÍA ENTRAR EN SUS DOMINIOS.
¿EH? ¿¡EH!? ¿¡QUÉ!?
UN COMPAÑERO DE...
¿¡LO DICES POR MÍ!?
AÚN NO HAN DADO CON NUESTRO RASTRO.
ES CUESTIÓN DE TIEMPO...
CUANDO LO ENCUENTREN, NOS PERSEGUIRÁN HASTA QUE NOS MATEN.
Y... Y... ¿Y SON PELIGROSOS?
¿PELIGROSOS?
QUÉ GRAN PREGUNTA...
CADA UNO LLEVA DOS AMETRALLADORAS DE 7,92 MM Y CUATRO CAÑONES AUTOMÁTICOS CON PROYECTILES DE 20 MM.
SI TE DAN CON ESO, NO QUEDARÁN NI LOS RESTOS.
ひゃははっ
¡MUA, JA, JA!

NI...
NI LOS RESTOS...
TEKE
TEKE
PLOC
TI...
TIENE QUE SER UN SUEÑO...
POR ESO HE SACADO UNA PISTOLA DEL CUADRO...
¡Y ESTOY RODEADA DE AVIONES!
SI ASÍ TE QUEDAS MÁS TRANQUILA, PIENSA LO QUE QUIERAS.
ENSEGUIDA DESCUBRIRÁS SI SE TRATA DE UN SUEÑO O NO.
UGH...

ES... ¡ESPERA!
SOY... UNA HECHICERA DEL LIBRO.
ESO SIGNIFICA QUE PUEDO PEDIRTE AYUDA, ¿VERDAD?
¡TIENES QUE HACER ALGO!
UY.
SI LA SEÑORITA SE HA ACORDADO...
RUUUC
HAY UNA FÓRMULA ESPECÍFICA PARA CONTROLAR A LAS BESTIAS.
TE LA TRANSMITIRÉ.
ESCUCHA CON ATENCIÓN Y REPÍTELA.
DE... ACUERDO...
"SEÑOR DE LA NOCHE SIN FIN, SUEÑO DEL QUE NO HAY DESPERTAR...
COMO GUARDIANA DEL PINCEL QUE ME HA SIDO CONFIADO...
ORDENO A LA BESTIA DEL LIBRO QUE SUSPENDA SU FINAL...
¡¡Y TEJA LAS PALABRAS DE UN NUEVO INICIO!!".

NO QUIERO.
¿EH?
BLOP
BLOP
JU
JU, JU, JU. SIEMPRE...
HABÍA QUERIDO DECIRLO.
JU
QUE YO SEPA....
NO TENEMOS UN CONTRATO.
JI

ME... ¿ME HAS MENTIDO!?
YO NO HE MENTIDO.
ME HABÍAS DICHO QUE PODÍAS HACER ALGO...
Y PUEDO HACERLO.
A... ¿A QUÉ ESPERAS!?
A QUE ME DÉ LA GANA.
NO HEMOS SELLADO EL PACTO, NIÑA.
SIN AKANE, NUNCA PODREMOS HACERLO.
CUÁNTO LO SIENTO...
NO TENGO NINGUNA OBLIGACIÓN DE AYUDARTE.

BROOOM
ESA CARA...
OH, ME MORÍA DE GANAS DE VERLA.
AKANE CONSIGUIÓ AGOTAR MI PACIENCIA.
¿PARA QUÉ AYUDAR A ESOS FRÁGILES HUMANOS?
¡¡QUE SE LOS COMAN LOS PERROS!!
HABRÍA PREFERIDO HUMILLAR A ESA BRUJA ARROGANTE...
OJALÁ ELLA SE HUBIERA PUESTO A LLORAR.
SIN EMBARGO, PUEDES OFRECERME ALGO A CAMBIO DE MI AYUDA.

PERMITE QUE SEA...
TOTALMENTE LIBRE.
AKANE HA MUERTO, PERO SIGO ATADA A ELLA POR EL PACTO.
BORRA LA ÚLTIMA PÁGINA Y PENSARÉ SI QUIERO AYUDARTE.
ESTO...
ESTO ES LO QUE QUERÍA.
NO HAY OTRO MOTIVO PARA QUE ME HAYA ACOMPAÑADO HASTA AQUÍ.

NO TENGO NINGUNA PRUEBA...
...DE QUE QUIERA AYUDARME.
VOY... A MORIR...
¿QUÉ OCURRE?
SOLO TIENES QUE BORRAR EL CONTRATO DEL FINAL CON LA PLUMA.
NO TENEMOS TODO EL DÍA.
...
NO ES JUSTO.
NO ES JUSTO, ABUELA.
EL TIEMPO SE AGOTA.
BROOOM
¿POR QUÉ ME HAS HECHO CARGAR CON ESTO?
¿POR QUÉ...?
¿POR QUÉ?

"...Y LA PEQUEÑA CAPERUCITA...
FUE DEVORADA POR EL TERRIBLE LOBO FEROZ...
QUE SE HABÍA DISFRAZADO DE LA ABUELITA".
Rotkäppchen
パタン
PLAC
¿EH?
¡ESPERA, ABUELA! ¡NO ES ASÍ!
じたばた
FLAP
FLAP
¡AL FINAL CAPERUCITA...! ¡NOOO!
¡LLEGA UN CAZADOR Y MATA AL LOBO CON LA ESCOPETA!
¡Y LE ABRE LA TRIPA! ¡Y LA ABUELITA Y CAPERUCITA...!
じたばた
FLAP
FLAP
ESTE LIBRO ES MUY VIEJO, CIELO.
POR ESO TIENE OTRO FINAL.
¡AH!
はぁ
¡AH!
はぁ
¿POR QUÉ?
¡¡PERO ESTÁ MAAAL!!
CAPERUCITA ROJA NO HIZO CASO DE LO QUE LE DIJERON.
ASÍ QUE EL LOBO SE LA COMIÓ.
¡¡PEROOO...!!

¿NO TE GUSTA LA HISTORIA?
RIC
¿POR QUÉ SERÁ?
¿PORQUE CAPERUCITA HABÍA SIDO UNA NIÑA MALA?
¿PORQUE EL LOBO TENÍA HAMBRE?
¿PORQUE APARECE UN CAZADOR Y LO MATA?
SNIF
PERDONA.
HA SIDO CULPA MÍA....
NO TENDRÍA QUE HABERTE CHINCHADO TANTO.
!
FLAP
CUANDO SEA MAYOR, VOY A ESCRIBIR UNA HISTORIA.
RIC
RIC
¡UNA HISTORIA EN LA QUE NADIE LLORE!
¡YA VERÁS!
...
RIC
RIC
RIC
ME PARECE UNA GRAN IDEA.
UNA GRANDÍSIMA IDEA...
DIME, MI NIÑA.
¿CUANDO LLEGUE EL MOMENTO...
ME DEJARÁS AYUDARTE?

...
VAMOS, PIENSA.
LA ABUELA ME DEJÓ LA PLUMA Y LA MANSIÓN.
¿POR QUÉ?
¿PORQUE QUERÍA TENDERLE A SU BISNIETA UNA TRAMPA MORTAL?
NO, ES IMPOSIBLE.
TAL VEZ TODO SEA UN EXAMEN.
Y TODOS LOS EXÁMENES TIENEN UNA RESPUESTA CORRECTA.
CREO QUE YA LA TENGO.
PERO... ¿Y SI ME EQUIVOCO?

QUI-ZÁS...
...
NO. NO HABRÁ ESPE-RANZA.
ESTARÉ MUER-TA.
CAPERU-CITA...
YA TENGO MI RES-PUESTA.
ME NIEGO.

¿QUÉ?
¿EN-
TIENDES
LO QUE
ESO
SIGNIFI-
CA?
¡AAAAAH!
¡AAAH!
¡AAAH!
TAP
¡AAAAAAH!
¿¡SE PUEDE
SABER QUÉ
HACES!?

GROOOM
¡¡DEVUÉLVE-MELO!!
CROOOC
TRÁELO AQUÍ, MALDITA NIÑATA...
¡¡ENTRÉ-GAME AHORA MISMO ESE LIBRO!!

¡ERES DEMASIADO LENTA! ¡NO TARDARÁN EN ENCONTRARTE!
はっ ¡AH!
はっ ¡AH!
はっ ¡AH!
はっ ¡AH!
¡¡EN CUESTIÓN DE SEGUNDOS SERÁS PICADILLO!!
AH...
ES... ES VERDAD...
¡¡GRACIAS!!
TAP
ZUIIIN
¿¡LA MUY IDIOTA HA VUELTO A LA MANSIÓN!?
TIENES QUE PROTEGERME, CAPERUCITA.
はぁ AH
はぁ AFH!!
はぁ AH
はぁ AH
¡¡TIENES QUE HACERLO!!
はッ AH
はッ AH

ES LO ÚNICO QUE PUEDES HACER.
NO TE QUEDA OTRA OPCIÓN.
AHORA QUE LA ABUELA NO ESTÁ...
¡...YO SOY TU ÚNICA ESPERANZA!
¡AH!
¡AH!
¡AH!
AUNQUE NO HAYAS SELLADO UN PACTO CONMIGO...
¡SIGUES NECESITANDO QUE UN HECHICERO DEL LIBRO TE LIBERE!
UGH.
CRRRK
CRRRK
CRRRK
CRRRK
CRRRK
BROOOM

¡¡¡DEJAD DE REVOLOTEAR!!
GROOOM
¡¡INSECTOOOS!!!
FSHUUU
IN...
¡¡INCREÍBLE!!
TEKE
TEKE
AUN ASÍ...
TEKE

¡¡NO VAS A CONSEGUIR NADA CABREÁNDOME!!
¡¡NI SIQUIERA SABES LO QUE HAY QUE HACER PARA SELLAR ESE PACTO CONMIGO!!
CLOOONC
TENGO QUE ESCAPAR.
はッ
¡AH!
はッ
¡AH!
はッ
¡AFH!
SI ME ATRAPA EN ESTE LUGAR...
SERÁ COMO SI LA EXCAVADORA DEL JARDÍN...
APLASTARA UN HUEVO CRUDO.
TENGO QUE LLEGAR.
AUNQUE NO POSEA NINGÚN PODER...
¡¡TENGO QUE LLEGAR HASTA ALLÍ!!

FSHUUU
FSHUOOO
TEKE
TEKE
TEKE
TEKE
TEKE
TEKE
¡¿QUÉ!?
RIC
¡¿IGH!?
RIC
RIC
RIC
RIC
RIC
RIC
RIC
RIC
RIC
RIC
RIC
¡AH!
¡AAAH!

CRAC CRAC CRAC CRAC CRAC CRAC CRAC CRAC
¡¡AAAAAH!!
¡¡LA EXCAVADORA HA LLEGADO A LA COCINAAA!!
TROMP TROMP TROMP TROMP TROMP TROMP TROMP TROMP
¡¡AHÍ ESTÁ!!
¡¡ES EL VESTÍBULO!!
¡¡MALDITA MOCOSA!!
¡¡ESTÁS PERDIDA!!
¡¡DAME MI LIBERTAD!!
¡¡NO!!
¡¡TE EQUIVOCAS!!
¡¡HEMOS GANADO NOSOTRAS!!
¡YA CASI ESTOY!
¡¡SOLO TENGO QUE LLEGAR A...!!

ERA UNA TRAMPA...
¡¡ESTÚPIDA!!
¡¡AGÁCHATE!!

CRAAASH
¡¡IDIOTA!!

...
NO HACÍA FALTA QUE MURIERAS POR ESTO.
VAYA...
NO ERES TAN CRUEL.
¿¡QUÉ!?
TAP
¡¡MALDITA MOCOSA...!!
ESTÁS VIVA...
TAP
¿¡CÓMO LO HAS HECHO!?
TAP
SOLO HE SEGUIDO TUS CONSEJOS.
!?
LO QUE SALGA DE UN CUADRO NADA TIENE QUE ENVIDIAR A LOS OBJETOS QUE SIEMPRE HAN SIDO REALES.
LA RESPUESTA HA ESTADO AQUÍ DESDE EL MOMENTO EN EL QUE ENTRÉ EN LA MANSIÓN.

LA ABUELA...
SE PINTÓ A SÍ MISMA.
¡¡OTRA VEZ TÚ, AKANE ÔMUGI!!
¿¡CÓMO...!? ¿¡CÓMO TE HAS ATREVIDO A SACARLA!?
¡ESTABA MUERTA Y LA HAS TRAÍDO DE VUELTA DE UN CUADRO!

CUÁNTO HAS CRECIDO, MI NIÑA.
HAS PASADO LA PRUEBA.
OH... ¿QUÉ TAL, CAPERU-CITA?
¡IGH!
GRACIAS POR CUI-DAR TAN BIEN DE MI BISNIETA.
GHAAA
TRUC
LUEGO HA-BLAREMOS CON MÁS CALMA.
AHO-RA TENGO ASUNTOS URGENTES DE LOS QUE EN-CARGAR-ME.
TCHAC
UN CUA-DRO QUE ENTRA EN OTRO CUA-DRO...
¡¡ES ABSUR-DO!!
AH...

TA TA TA TA TA RA
LO HABÍA PREPARADO TODO PARA EL DÍA EN QUE ENTRARAS EN ESTA CASA.
BOM BOM BOM BOM BOM BOM
ERAS LA ÚNICA QUE PODÍA SEGUIR MIS PASOS.
TCHAC
TCHAC
SIN EMBARGO...
A LA VEZ, HABRÍA DESEADO QUE EVITARAS ESTE LUGAR.
OJALÁ HUBIERAS PODIDO VIVIR COMO CUALQUIER OTRA NIÑA.

TA TA TA TA TA TA TA TA TA TA RA
ドオォオーンッ
BOOOM

ADELANTE...
AQUÍ COMIENZA VUESTRA HISTORIA.
¿ESTÁS PREPARADA, WAKABA?
HM
GROOOM
NO... ¡NO ME HAGÁIS ESTO!
¡NO PODÉIS DECIDIRLO SIN MÍ!
¡QUIERO MI LIBERTAD!
"COMO GUARDIANA DEL PINCEL...
DECLARO A WAKABA ÔMUGI MI LEGÍTIMA HEREDERA...
Y LE ORDENO QUE RENUNCIE A LOS ALMOHADONES DEL DULCE SUEÑO..."
¡¡PARA ACEPTAR EN SUS MANOS EL PODER DE LA PLUMA!!".

FSHUOOO
FSHUUU
¡NO!
AHORA ERES UNA HECHICERA DEL LIBRO.
¡NOOOOO!

¡ABUE-LA!
LOS CAZAS SIGUEN AHÍ...
NO PUEDO EJERCER MI PODER SOBRE ELLOS. TU BISABUELA ERA SU DUEÑA.
AHÍ TIENES TU PRIMERA MISIÓN.
ACABA CON ELLOS COMO TE PAREZCA.
AAAH...
FUUUH...
DE ACUERDO... ¡EN MARCHA, CAPERUCITA!
“SEÑOR DE LA NOCHE SIN FIN, SUEÑO DEL QUE NO HAY DESPERTAR...
COMO GUARDIANA DEL PINCEL QUE ME HA SIDO CONFIADO...”
...
CHICAS...
TRANQUILIDAD...

"ORDENO A LA BESTIA DEL LIBRO QUE SUSPENDA SU FINAL..."
¡¡TE ESTOY DICIENDO QUE ESPERES!! ¡¡ESCÚCHAMEEE!!
¡¡TÚ GANAS!! ¡¡TÚ GANAAAS!!
TE LLAMAS WAKABA, ¿NO?
MIRA, NO SOY UN PERRO NI UN GATO.
NO ME GUSTA QUE ME LANCEN DOS HECHIZOS DE ATADURA EN UNA MISMA NOCHE.
¡HARÉ LO QUE ME PIDAS!
¡¡PERO DAME UN ARMA!!
¡¡LO QUE SEA!! ¡¡DIBUJA RÁPIDO!!
ALGO LIGERO Y CON FILO.
¡¡PERO CONTUNDENTE Y QUE AGUANTE UN BUEN GOLPE!!
QU... ¿QUÉÉÉ?
RIC
RIC
RIC
RIC
RIC

PLAC
¡¡YA ESTÁ!!
DJIIIN
AH
AFH
あせっ
あせっ
ES...
ESTÁ INSPIRADA...
EN LA HOJA DE UNAS TIJERAS...
¿CREES QUE SERVIRÁ?

¡¡ME
GUSTA!!
TAP
FSHUUU

HAS... ¿HAS VISTO LO QUE HA HECHO...
EN UN SEGUNDO?
ESCÚCHAME BIEN, WAKABA.
CAPERUCITA ROJA...

BROOOM
ES MÁS FRÁGIL DE LO QUE PIENSAS.
BROOOM
POR FAVOR...
DEBES PERMANECER A SU LADO.
BROOOM
FR... ¿FRÁGIL?

¡¡...!!
ES BONITO...
CAPERUCITA REÍA Y BAILABA...
BAJO UNA LUNA DE COLOR ROJO...
QUE ALUMBRABA EL CIELO CUBIERTO DE ESTRELLAS.
LAS CHISPAS SALTABAN COMO POLVO DE ORO.
AQUEL FUE...
EL COMIENZO DE NUESTRA LARGA HISTORIA.

Página 2: I Need a HERO!!

CRIMSON GRIMOIRE

EL GRIMORIO CARMESÍ

AQUELLA NOCHE...
...ME SUMERGÍ EN EL MUNDO DE LO IRREAL.
CAPERUCITA ROJA, LA BESTIA DEL LIBRO, HABÍA PASADO OCHENTA AÑOS DURMIENDO.
DESBARATÉ SUS PLANES.
ME REENCONTRÉ CON MI BISABUELA MUERTA.
Y TUVE QUE TOMAR UNA DECISIÓN.
AQUELLA NOCHE ABRÍ LOS OJOS AL MUNDO COMO UNA HECHICERA DEL LIBRO...
AUNQUE EN ESOS MOMENTOS AÚN NO SUPIERA TODO LO QUE SIGNIFICABA.

¿¡EH!? ENTONCES, ¿ERA VERDAD?
¿¡LA ABUELA PROTEGIÓ EL PAÍS DURANTE LA GUERRA!?
LOS HECHICEROS DEL LIBRO TIENEN QUE SER MUY PODEROSOS...
¿POR QUÉ NO ME CONTASTE NADA?
¿ME HABRÍAS CREÍDO?
¿EH?
ES VERDAD. HABRÍA PENSADO QUE CHOCHEABA...
CUANDO TERMINÓ LA GUERRA, DECIDÍ SELLAR TEMPORALMENTE A CAPERUCITA.
¿POR QUÉ...?

EL PAÍS HABÍA SIDO OCUPADO.
¿QUÉ OTRA COSA PODÍA HACER?
CAPERUCITA ES DEMASIADO FUERTE. HABRÍA PERTURBADO EL EQUILIBRIO.
NO QUERÍA QUE EL GOBIERNO NI LOS ALIADOS SUPIERAN QUE AÚN VIVÍA.
¿SERÁ VERDAD...?
LOS HECHICEROS DEL LIBRO VELAN POR LA CONTINUIDAD DE LA HISTORIA DEL SER HUMANO.
LA MAYORÍA DE QUIENES LO OLVIDARON Y SE UNIERON A LA GUERRA...
...PERDIERON LA VIDA.
ゴクリ...
GLUP

SIN EMBARGO, AÚN ESTABAN SUS BESTIAS...
QUE, MUERTO EL AMO, QUEDARON LIBRES...
Y NO DUDARON EN ATACAR CUANDO FUE NECESARIO...
PARA EXTRAER DEL SER HUMANO LA INMENSA CANTIDAD DE ENERGÍA QUE REQUIEREN PARA SEGUIR SIENDO MATERIALES.
TRAS HABER PERDIDO ESA ENERGÍA, LA VÍCTIMA ENLOQUECE O MUERE.
ESAS BESTIAS SON LAS CAUSANTES DE LA MAYOR PARTE DE LOS ASESINATOS SIN RESOLVER, LAS DESAPARICIONES Y LOS CRÍMENES...
QUE EN LOS ÚLTIMOS TIEMPOS NO DEJAN DE CRECER.
YO PROCURABA SELLARLAS.
Y AL FIN PARECE QUE HE ENCONTRADO UNA SUCESORA.
TÚ...
WAKABA.
GLUP

...
¿Por qué, abuela?
Hay demasiado en juego.
Yo no puedo hacer nada...
para ayudar.
Claro que puedes.
Siempre has tenido el don.
Pero hay algo más...
HIHO
Ya habías tomado la decisión.
¿De verdad...?
Ay, niña.
No me digas que lo has olvidado.
Si me lo confesaste hace nada...
A ver, ¿dónde lo he dejado?

魔法のふたご
AQUÍ ESTÁ.
¿NO QUERÍAS SER COMO ELLAS?
¡CHAAAN!
* LAS GEMELAS MÁGICAS
¡¡SALÍAN POR LA TELE!!
¡¡ERA UNA SERIE DE DIBUJOS ANIMADOS!!
¿¡CUÁNTOS AÑOS CREES QUE TENGO!?
¿QUÉ QUIERES QUE LE HAGA? CUANDO TU BISABUELA ME DIBUJÓ...
AÚN IBAS A LA GUARDERÍA.
¡RAZÓN DE MÁS PARA NO TOMAROS EN SERIO LO QUE DECÍA!
¿¡DE QUIÉN FUE LA IDEA DE PREPARAR ESTA TRAMPA MORTAL!?
TSK.

ガタン…ゴトン…
TRO-TROC
ガタン…ゴトン…
TRO-TROC
HOY TIENES UNA CITA, WAKABA.
ASIMILAR TUS RESPONSABILIDADES NO ES SENCILLO, ¿VERDAD?
SOLO NECESITAS UN POCO DE TIEMPO.
EN CUANTO OS CONOZCÁIS MEJOR...
SEGURO QUE CAMBIA VUESTRA PRIMERA IMPRESIÓN.
CAPERUCITA HA PASADO DEMASIADOS AÑOS DURMIENDO.
NO CONSERVA EL PODER QUE POSEÍA ANTES DE LA GUERRA, Y LOS TIEMPOS HAN CAMBIADO MUCHO.
¿POR QUÉ NO LE ENSEÑAS EN QUÉ SE HA CONVERTIDO EL MUNDO?
PIENSA EN ELLO COMO EN OTRO EJERCICIO PARA CONVERTIRTE EN UNA BUENA HECHICERA.
NO SE, ABUELA...

ES QUE ANOCHE...
INTENTÓ MATARME...
¿QUÉ PASA? ¿QUIERES PELEA?
¡¡Y ES TAN BORDE...!!
¿EEEH...?
¿UN MERCADO Y UN PARQUE DE ATRACCIONES EN EL MISMO SITIO?
¿¡ESTO NO ES MUY GRANDE!?
GRACIAS POR TRAERME, WAKABA.
AHORA, SI NO TE IMPORTA...

¿¡EH!? ¿CÓMO QUE...?
¿QUÉ QUIERES DECIR?
ERES UN POCO LENTA, ¿VERDAD?
SEGUIRÉ PASEANDO POR MI CUENTA.
COMO PARECE QUE LO HAS OLVIDADO, TENDRÉ QUE RECORDÁRTELO.
QUIERO SER LIBRE.
ESE ES MI ÚNICO OBJETIVO.
TAL VEZ NO SEA TAN CRUEL COMO PARA PASAR DE LARGO SI ALGUIEN SE ESTÁ MURIENDO DELANTE DE MIS NARICES.
SIN EMBARGO, EN TÉRMINOS GENERALES, NO ME IMPORTA LO QUE LE OCURRA A LA GENTE DE ESTE NUEVO MUNDO.
ADEMÁS, AÚN NO TE HE ACEPTADO COMO MI SOCIA.
ASÍ QUE NO CREAS NI POR UN MOMENTO QUE ERES MI AMIGA
PLIC

TE FALTA DECISIÓN.
HAZTE A LA IDEA DE UNA VEZ, CHICA.
¿NO DECÍAS ESTA MISMA MAÑANA QUE NO PODÍAS SEGUIR CON EL TRABAJO DE TU ABUELA?
¿QUÉ QUIERES QUE HAGA CON UNA NOVATA QUE NO SE ACLARA?
SI AUN ASÍ QUIERES JUGAR A SER MI AMIGUITA DEL ALMA...
VAS A TENER QUE ORDENÁRMELO.
¡¡YA LE VALE!!
ぱく
ÑAM

¡SE HABRÁ QUEDADO A GUSTO DESPUÉS DE SOLTARME TODO ESO!
YO SOY LA VÍCTIMA EN ESTA HISTORIA...
¡MI PROPIA BISABUELA CASI ME MATA ANOCHE!
¡CON ESA RIDÍCULA PRUEBA!
¡Y ENCIMA ME DICE QUE YO LO HABÍA ELEGIDO!
¡ERA UNA SERIE DE LA TELE! ¡DE LA TELEEE!
LA GENTE NO HACE ESAS COSAS EN LA VIDA REAL...
EN ALGO TIENE RAZÓN.
ES LO QUE QUERÍA DE PEQUEÑA.
SIN EMBARGO, TARDE O TEMPRANO TODOS DESPERTAMOS DE ESE SUEÑO.

...
WAKABA...
YA HE TRAÍDO LA MANTA.
VAMOS...
ES HORA DE QUE LO DEJEMOS DESCANSAR.
NO HACE FALTA, ABUELA.
HE HECHO MAGIA.
¿QUÉ LE PASA?
EN LA TELE... FUNCIONA ENSEGUIDA.
WAKABA...
WAKABA...

ERA... ERA UN GATITO MUY BUE-NO...
NUNCA ME HABÍA ARAÑADO, ¿SABES?
Y YO LO HE ECHA-DO DE CASA...
OJALÁ PUDIERA CAMBIARME POR ÉL.
NO DIGAS ESAS COSAS, NIÑA.
ES QUE ERA BUENO.
NO PUEDE MORIR.
YO HE TENIDO LA CULPA, PERO SIGO AQUÍ...
ESTO NO ES JUSTO, ABUE-LA.
NO, NO LO ES...
SIENTO MUCHO...
NO TENER UNA RESPUESTA MEJOR, PEQUENA.
HA-REMOS UNA COSA...
SI CUANDO SEAS UN POCO MAYOR...
FLIP
ÑUG
Y EL PELO TE LLEGUE HASTA LOS HOM-BROS...
AÚN TE SIENTES COMO AHORA, VEN A BUSCAR-ME.

TAL VEZ PUEDA ENSEÑARTE CÓMO BUSCAR LAS RESPUESTAS.
AHORA LO ENTIENDO. LA ABUELA...
SE REFERÍA A...
...
¿EH?
¿SE HABRÁ PERDIDO?

QUERÍA SER...
COMO LAS NIÑAS DE LAS SERIES.
HOLA, SEÑORITA.
1
UNO.
2
DOOOS.
ぱあ、!!
¡¡CHAAAN!!
3
¡Y, TRES!
¡OH!
¡OH!
¡OOOH!

ASÍ QUE TE LLAMAS MAIA...
¡SÍ!
YO SOY WAKABA. ENCANTADA DE CONOCERTE.
¡IGUALMENTE!
¿DÓNDE ESTÁ TU FAMILIA?
HE VENIDO SOLA.
¿DE VERDAD? QUÉ VALIENTE...
NO, NO SOY VALIENTE...
ES QUE PAPÁ... TRABAJA TANTO...
QUE NUNCA PUEDE ACOMPAÑARME...
YO... QUERÍA IR A VER LOS PECES DEL ACUARIO... PERO...
¿...?

大集合!!
怖い生き物展
* ANIMALES TERRORÍFICOS ¡LA GRAN EXPOSICIÓN!
AH....
ES NORMAL QUE TE DÉ MIEDO ENTRAR SOLA.
¿QUIERES QUE LA VEAMOS JUNTAS?
SEGURO QUE ASÍ NO TE ASUSTAN.
* ACUARIO DE NAGINO
AQUARIUM
¡ERES MUY BUENA, WAKABA!
FSHUOOO

* BOLITAS DE PULPO
たこ八
¿QUÉ... HA SIDO ESO?
¿¡UNO DE LOS MÍOS ESTÁ AQUÍ!?
...
QUÉ RARO...
¿POR QUÉ NO HAY NADIE?
MI... ¡MIRA QUÉ BOCA, WAKABA! ¡NOS VA A COMER!
ES SOLO UN EJEMPLAR DE EXPOSICIÓN.
QU... ¿¡QUÉ ES ESA COSA TAN FEA!?
¡TODOS TIENEN LA BOCA MUY GRANDE!

¿TÚ NO TIENES MIEDO...?
NO, A MÍ ESTAS COSAS NO ME ASUS-TAN...
¿POR DÓNDE VAMOS AHORA?
!!
¡¡WAKA-BA...!!
¡¡MIRA!!
HAY... ¡¡HAY MUCHA GENTE EN EL SUELO!!
PER-DO-NA...
NE-CESITO QUE ESTÉS MUY CA-LLADA

ピョーーン…
BLOOOB
ピョーーーン…
BLOOOB
ーーン…
BLOOOB

BLOOOB
BLOOOB
BLOOOB
NAUTILUS
BESTIA DEL LIBRO
¿SERÁ UNA DE LAS BESTIAS DE LAS QUE HABLABA...
LA ABUELA?
MENOS MAL... AÚN RESPIRAN...
CREO QUE HA ABSORBIDO SU ENERGÍA.
BSS

ESTO NO POSIBLE.
AÚN NO ME HE RECUPERADO DE LO DE AYER.
¿POR QUÉ TODO ME PASA A MÍ?
NO PUEDO SEGUIR PASANDO DE UNA TRAGEDIA A OTRA...
WAKABA...
¡WAKABA...!
¡WAKABA!
!!
TENGO MIEDO.
HAZ ALGO...
TIENE RAZÓN.
YO SOY LA ÚNICA QUE SABE LO QUE ESTÁ PASANDO.
TENGO QUE SER VALIENTE.

EXIT
MENOS MAL QUE LA SALIDA ESTÁ CERCA...
CRRRK CRRRK CRRRK CRRRK CRRRK
TRANQUILA, MAIA. TODO VA A SALIR BIEN.
QU... ¿QUÉ VAS A HACER, WAKABA?
AÚN NO ME SIENTO CAPAZ DE LUCHAR CON UN ARMA QUE HAYA DIBUJADO.
SERÁ MEJOR QUE INTENTE HUIR Y ME REÚNA CON CAPERUCITA.
¡SI ANOCHE PUDE HACERLO...
HOY TAMBIÉN LO CONSEGUIRÉ!
PERFECTO...
¡HA DADO MEDIA VUELTA!
¡¡AHORA!!
TAP
ÑIG

ZUUUM
ES RÁPIDO...
¡DEMASIADO RÁPIDO!
¡¡NO VA A FUNCIONAR!!
GROOOM
BZZZ
BZZZ
BZZZ
BZZZ
BZZZ
BZZZ
BZZZ
BZZZ
BZZZ
BZZZ
BZZZ
BZZZ
BZZZ

ZUIIIN
CREC
CREC
CREC
CREC
CREC
CREC
CREC
ちゅるんっ…
BLOP
BLOP
SHAAAF
SHAAAF
SHAAAF
¿EH...?
¿¡REACCIONA AL SONIDO!?

CON ESA VELOCIDAD, ES INÚTIL...
QUE INTENTEMOS ESCAPAR.
ギュッ...
ÑUG
ZUUUM
ESCÚCHAME, MAIA.
VOY A DISTRAERLO.
CUANDO TE DÉ LA SEÑAL, ¡CORRE HACIA LA PUERTA!
¿¡EH...!?

PLIC
NO TENGAS MIEDO.
ESTE AMULETO TE PROTEGERÁ.
SHAAAF
AYER ME OCURRIÓ ALGO TAN PELIGROSO QUE NO SABÍA SI IBA A SOBREVIVIR.
SHAAAF
SHAAAF
SHAAAF
PERO AQUÍ ESTOY, ¡SANA Y SALVA!
FUE GRACIAS A ESA ESTRELLA.
SHAAAF
SHAAAF
SÍ, SÉ DE SOBRA...
TIENE MAGIA DE VERDAD.
NO VA A DEJAR QUE TE PASE NADA MALO.
LO QUE CONLLEVA SER UNA HEROÍNA.
MENTIR.
TODO VA A SALIR BIEN.
TE LO PROMETO.
MENTIR COMO SI TE FUERA LA VIDA EN ELLO.

¡AHORA!
¡¡CORRE!!
POC
LA MÁGIA MIENTE.
LA TELE-VISIÓN MIENTE.
BLOB
FSHUUU
EL MANGA MIENTE. LOS VIDEO-JUEGOS MIENTEN.
¡¡DEJA A LA NIÑA!! ¡¡SOY YO...
QUIEN VIENE A ENFRENTARSE A TI!!
ASÍ QUE...

!?
TENDRÉ QUE HACER...
¡QUE TODO SE VUELVA REAL!
パンッ
PLAC
パンッ
PLAC
パンッ
PLAC

PLAC
PLAC
PLAC
PLAC
PLAC
¡¡NO TENGAS MIEDO, MAIA!! ¡¡NO PUEDE ENCONTRARTE!!
¡¡CORRE MIENTRAS SIGA DISTRAÍDO POR EL RUIDO!!
¡NO TE PARES POR NADA...!
PLAC
PLAC
¡UGH!
ZRAAAT
DUUUSH
¡¡WAKA-BAAA!!

¡COF!
¡COF!
¡COF!
¡¡WAKA-BA!!
NO TE PARES...
SIGUE CORRIEN-DO, POR FAVOR...
MAIA... TIENES QUE ESCA-PAR...
¡¡WAKA-BAAA!!
VA-MOS.
POR FA-VOR.
TE LO RUE-GO...
¡¡¡CAPERUCI-TAAA!!!
¿ME LLAMA-BAS...?

DUUUM

¡¡VEN
AQUÍ!!

GROOOM
¡¡CAPERUCITA...!!
¿TANTO LÍO POR ESTE SACO DE BOXEO...?
NI SIQUIERA ME HA SERVIDO PARA CALENTAR.
FLAP
FLAP

AAAH... YA VEOOO...
ASÍ QUE HAS INTENTADO DISTRAERLO CON LOS GLOBOS...
SHAAAF
SHAAAF
SHAAAF

NO ESTÁ MAL PARA SER UNA IDEA IMPROVISADA...
AUNQUE LA EJECUCIÓN HA DEJADO BASTANTE QUE DESEAR.
ÑAM
ÑAM

ME HABÍA ESCONDIDO PARA REÍRME UN RATO CUANDO TE ECHARAS A LLORAR...
HAS RESULTADO SER MÁS DECIDIDA DE LO QUE PENSABA.
NO ME ESPERABA ESTO DE TI.
¡¡IDIOTAAA!!
¡SI IBAS A AYUDARME, PODRÍAS HABER APARECIDO ANTES!
SHAAAF
Y TÚ PODRÍAS HABÉRMELO ORDENADO.
¿POR QUÉ NO HAS USADO UN HECHIZO DE ATADURA?
EXIT
¿EH...?
SHAAAF
¡AH! ¡¡ES VERDAAAD!!
SHAAAF
¡DÉJAME EN PAZ! ¡¡SE ME HABÍA OLVIDADO!!
QUÉ PACIENCIA...

AL FINAL...
LO HAN ATRIBUIDO A LA FALTA DE OXÍGENO PROVOCADA POR UNA AVERÍA EN EL SISTEMA DE VENTILACIÓN Y EL DETERIORO DEL EDIFICIO.
¿CÓMO PUEDE CAUSAR ESO UN DESMAYO COLECTIVO?
¿QUÉ OTRA COSA IBAN A DECIR?
NO HEMOS DEJADO NINGUNA PRUEBA.
¿PUEDO...
HACERTE UNA PREGUNTA?
¿QUÉ QUIERES?
LA RESPONSABILIDAD DE UNA HECHICERA DEL LIBRO...
ES PARECIDA A LA DEL TÍPICO HÉROE SOLITARIO, ¿VERDAD?
NADIE SABE LO QUE HACES.
NADIE VENDRÁ NUNCA A DARTE LAS GRACIAS...

SÍ, SUPON-GO.
DÉJATE DE CURSILA-DAS.
AL FINAL VAS A CONSEGUIR QUE TE ODIE.
...
CAPERU-CITA...

LO HARÉ.
SERÉ UNA HECHICE-RA.
ASÍ QUE...
SUPONGO QUE TE TOCARÁ CARGAR CONMIGO UN TIEMPO.
¡QUÉ REME-DIO!
POR MUCHO VALOR QUE LE ECHES, NO VAS A LLEGAR A NADA SOLO CON ESO.
TENDRÉ QUE ENSEÑARTE UN PAR DE TRUCOS.
¡LO JUSTO PARA QUE SEPAS POR DÓNDE TE MUEVES!

¿VAMOS A BUSCAR A MAIA Y COMEMOS ALGO?
AHORA QUE LO DICES, ¿DÓNDE SE HA METIDO LA CRÍA?
LOS SERVICIOS DE EMERGENCIA QUERÍAN VER SI ESTABA BIEN.
NO CREO QUE TARDE MUCHO...
¿VAMOS A BUSCARLA POR AQUÍ?
A LA ORDEN.
ALGO NO ENCAJA.
O PUEDE QUE EL INSTINTO SE ME HAYA OXIDADO DE TANTO DORMIR...
HABRÍA JURADO...
QUE HABÍA DOS BESTIAS DEL LIBRO.

FELICIDADES, PULGARCITA.
BUEN TRABAJO.
HAS LOGRADO ACERCARTE AL OBJETIVO.
GRA...
GRACIAS, SEÑOR.
NO HAN SOSPECHADO NADA.
SABÍA QUE LO CONSEGUIRÍAS HACIÉNDOTE PASAR POR MAIA.
SOLO HAS COMETIDO UN PEQUEÑO ERROR...
¡IGH!
TENDRÍAS QUE HABER ACABADO CON ELLA...
ANTES DE QUE CAPERUCITA ROJA SE REUNIERA CON VOSOTRAS.
AHORA HEMOS PERDIDO A NAUTILUS.
YO... YO NO...
LO... ARREGLARÉ, PADRE... LO PROMETO...
POR FAVOR... TIENE... TIENE QUE PERDONARME...

VEAMOS...
TE DEJARÉ ESCOGER TU PROPIA TORTURA.
VAMOS, MAIA.
ELIGE LO QUE MÁS TE GUSTE.
ガチ TEKE
ガチ TEKE
ガチ TEKE
ガチ TEKE
ガチ TEKE
フル TEKE
フル TEKE
フル TEKE

JU, JU...
ERA UNA BROMA, PEQUEÑA. ♥
LO ESTÁS HACIENDO MUY BIEN.
¿CÓMO TE VOY A CASTIGAR?
はぁ ¡AH!
はあ ¡AFH!
はぁ ¡AH!
EN MARCHA, AÚN NO HAS ACABADO.
SI ES POR SELLAR EL PACTO...
TRATARÉ A ESE MONSTRUO COMO A UNA NIÑA.
LA MÁS PODEROSA ENTRE LAS BESTIAS DEL LIBRO, CAPERUCITA ROJA...
MUY PRONTO SERÁ MÍA.

ESTABA MUY RICO, ¿VERDAD?
¡MU-CHO!
¡NUNCA HABÍA COMIDO LANGOSTA!
¡Y ERA ASÍ DE GRANDE!
¡ASÍ!
¿CÓMO PODÉIS PONEROS ASÍ POR UNA COMIDA?
¡EH, JE, JE!
¡EH, JE, JE!
¡HAY QUE CELEBRAR QUE HE DECIDIDO SER UNA HECHICERA DEL LIBRO!
POR SU-PUESTO... ¿CÓMO HE PODIDO PASARLO POR ALTO?
PLIC
VEN, ACÉRCA-TE...
¡TENGO UNA IDEA! ¡VAMOS A MIRAR ROPA, CAPE-RUCITA!
CLAROOO... COMO GUSTÉIS, SEÑO-RAAA...
SHOP

Página 3: Heaven's Kitchen

¿CREES QUE ME QUEDA BIEN, MAIA? ME SIENTO COMO UNA NIÑA DEL BOSQUE...
¡OH! ¡ESTÁS PRECIOSA!
A CAPERUCITA LE SIENTA MUCHO MEJOR IR DE MACARRA.
¡ES VERDAD! ¡DEBERÍA VESTIRSE ASÍ TODOS LOS DÍAS!
¡AL FINAL NO HE PODIDO RESISTIRME! ¡QUIERO UN VESTIDO DE LOLITA!
¡JA, JA, JA! ¡NI HABLAR!
¿¡ACABAS O QUÉ!?
EN CUANTO BAJO LA GUARDIA CINCO MINUTOS, TE DISTRAES CON ALGUNA TONTERÍA.
¡ESPABILA!
SÍ, YA VOY.
¿TÚ NO QUIERES PROBARTE NADA MÁS?
¡YO QUIERO ACABAR DE UNA VEZ!

LAS HEMBRAS HUMANAS SOIS LAS ÚNICAS QUE TENÉIS QUE HACER ESTAS COSAS PARA APAREAROS.
LAS BESTIAS NO TENEMOS ESOS PRO-BLEMAS, ¿SABES?
¡IGH!
¡¡ESA BOQUI-TA!!
AHORA QUE LO DICES...
¿POR ESO PARECES...
UNA TABLA DE PLAN-CHAR?
RAAAC
¡HAY QUE TENER VALOR PARA DECIRME ESO!
...
¿QUÉ...?
¿QUÉ PASA...?

COF...
WAKABA, POR LO QUE MÁS QUIERAS...
YA ESTÁ BIEN.
¡¡NO ES TAN DIFÍCIL ECHAR LA CORTINA!!
ドッカ!!
PLOF
びくっ
¡IGH!
OYE, ¿QUÉ TE HE HECHO PARA MERECER ESTO?
WA... ¿WAKABA...?
¿TAMBIÉN ES AMIGA TUYA?
¿¡QUÉ!?

ES QUE...
COMO PARECE QUE OS LLEVÁIS TAN BIEN...
¡CLARO QUE NO!
NI NOS LLEVAMOS BIEN NI ES MI AMIGA. LA CONOCÍ AYER.
¿¡EH!?
JO, QUÉ ENVIDIA...
¿POR QUÉ?
POR-QUE...
PORQUE YO TAMBIÉN QUIERO SER SU AMIGA.
QUE SEPAS QUE ELLA NI SE LO HA PLANTEADO, MOCOSA.
¿¡EH!?
¡HMPF!
ESA IDIOTA...
YA CREE QUE LO ERES.

NO TE VA A TRAER NADA BUENO MEZCLARTE CON ELLA, ¡TE LO ADVIERTO!
¿¡DE VERDAD!?
ES MÁS TONTA QUE HECHA DE ENCARGO, MANGONEA A LA GENTE...
TIENE EL CULO GRANDE Y LAS PIERNAS GORDAS...
¡YA ESTOY LISTA!
¿DE QUIÉN HABLÁIS?
¿PUEDES QUEDARTE OTRO RATO? ¿SEGURO QUE NO LLEGARÁS TARDE A CASA?
NO TE PREOCUPES...
¡ENTONCES, PODEMOS SEGUIR MIRANDO ROPA JUNTAS!
¡AH...!
¡¡AAAH!!
PLAF

AH...
...
LO... LO SIENTO, MAIA...
¿YA LO HABÉIS PEDIDO TODO?
¡SÍ! ¡GRACIAS, WAKABA!

SIENTO MUCHO LO DE ANTES...
NO QUERÍA AGARRAR-TE TAN FUERTE.
¡NO! ¡NO HA SIDO CULPA TUYA!
ES QUE... ES POR LA PIEL...
COMO ESTÁS TAN BLANQUITA, DEBES DE TENERLA MUY SENSI-BLE.
EL ABUELO SIEMPRE ME LO DECÍA.
¿TU ABUELO? ¿CÓMO ESTÁ?
ぴくっ…
¡IGH!
BUENO... MURIÓ HACE...
¡PERDO-NA! NO QUERÍA...

NO TE PREOCUPES.
AHORA QUE TE HE CONOCIDO...
¡YA NO ESTOY TRISTE!
ぽふっ
PLOC
AÚN NO ME EXPLICO QUÉ HACÍA AHÍ ESA BESTIA...
HABRÁ SIDO UNA COINCIDENCIA.
MEJOR TE DOY UN CONSEJO ANTES DE QUE SEA TARDE...
¿PARA QUIÉN ES EL FESTIVAL DE MORAS?
AH... ¡PARA MÍ!
NO TODOS LOS HECHICEROS DEL LIBRO SON TAN BUENOS COMO AKANE...

¿EH? YO CREÍA QUE INTENTABAN HACER EL BIEN...
¿TODA LA GENTE CON PISTOLA ES POLICÍA?
NO, ¿VERDAD?
PLAF

QU...
ドサッ...
PLONC
¿¡QUÉ ESTÁS HACIENDO, CAPERUCITA!?
ガタッ
TAP
ぐっ
ÑUG
¡YA VALE!
DEBERÍAS DARME LAS GRACIAS, IDIOTA.
NI SIQUIERA TE HAS DADO CUENTA DE QUE TE ESTABAN ROBANDO.
¿POR QUÉ QUERRÍA QUITÁRMELO?
NO LO SÉ.
SI ES...
¡ES TU GRIMORIO!

¿POR QUÉ NO SE LO EXPLICAS...
A TU NUEVA AMIGA, MAIA?
¿QUÉ OCURRE?
¿TE HAS ASUSTADO?
¿¡EH!?
HACE UN BUEN RATO...
QUE NO CONTRO-LAS A TUS MARIONETAS COMO ES DEBIDO.

¡CHAAAN!
AHORA ENTIENDO POR QUÉ NO CONSEGUÍA DETECTAR TU PRESENCIA.
SABÍA QUE DURANTE LA GUERRA SE EMPLEARON BESTIAS ESPECIALIZADAS EN OPERACIONES ENCUBIERTAS Y CONTROL DE HUMANOS.
PERO NO IMAGINABA QUE TUVIERAN TU ASPECTO...
UN... ¡UN MOMENTO! ¿¡QUÉ OCURRE!?

!?
ÑUG
¡¡...!!
TAP
¡AAAAAH!

¡HMPF!
ÑUG
¡PUEDE QUE SEAS UNA BESTIA, PERO TIENES LA INTE-LIGENCIA DE UNA NIÑA DE SEIS AÑOS!
¡COF!
UNA VEZ QUE TU IDENTIDAD SE REVELA, NO TIENES LA MENOR POSIBILIDAD CONTRA UNA BESTIA DE COMBATE.
ÑUUUG
¡COF!
¡COOOF!
PLAC
PLAC
PLAC
¿¡MAIA ES UNA BESTIA!?
¿¡ES ESO CIERTO!?

...
¡BASTA YA, CAPERUCITA!
¡SOLO ES UNA NIÑA!
NO PUEDES SEGUIR SIENDO TAN CRÉDULA.
¿¡POR QUÉ CREES QUE LE DIERON ESA FORMA...
SI NO ES PARA ENGAÑAR A INGENUAS COMO TÚ!?
ADEMÁS...
NO ES UNA VAGABUNDA PRECISAMENTE.
LAS BESTIAS SIN AMO NO NECESITAN UN GRIMORIO.
DIME...
¿¡QUIÉN TE ENVÍA!?

WIIIN
!?
¿OTRO FRACASO, MAIA?
ME TEMO QUE TENDRÉ QUE VOLVER A CASTIGARTE... JU, JU.
ESTÁ... ¡¡ESTÁ USANDO LA MEGAFONÍA!!

¡¡LO SIENTO MUCHO, SEÑOR!!
¡¡NO VOLVERÁ A PASAR!! ¡¡SE LO JURO!!
TÚ... TÚ DEBES DE SER...
EL HECHICERO QUE HA FIRMADO EL PACTO CON ELLA.
¿POR QUÉ QUERÍAS EL GRIMORIO DE CAPERUCITA?
¿¡QUÉ INTENTAS CONSEGUIR!?
A TU BESTIA, POR SUPUESTO.
HAY QUE SABER APROVECHAR A LOS NOVATOS MIENTRAS AÚN NO SON CONSCIENTES DEL MUNDO EN EL QUE SE HAN METIDO. ES LA BASE DEL NEGOCIO.
¡SOLO UN COBARDE SE ESCONDERÍA ASÍ! ¡ESTO NO ES UN NEGOCIO!
¡LOS HECHICEROS TRABAJAMOS PARA PROTEGER A LA GENTE! ¡COMO HÉROES!
¿¡POR QUÉ HACES ESTO!?
JU...

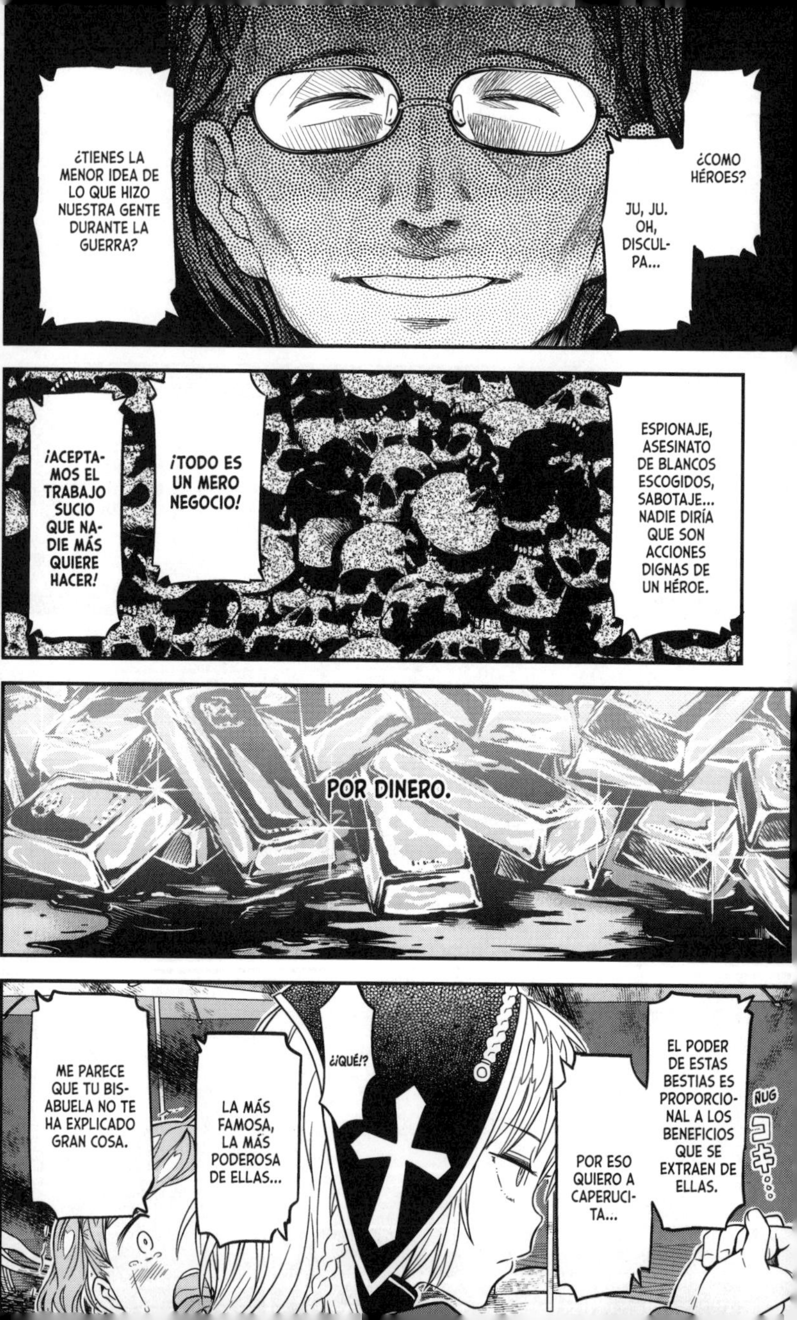
¿COMO HÉROES?
JU, JU. OH, DISCUL-PA...
¿TIENES LA MENOR IDEA DE LO QUE HIZO NUESTRA GENTE DURANTE LA GUERRA?
ESPIONAJE, ASESINATO DE BLANCOS ESCOGIDOS, SABOTAJE... NADIE DIRÍA QUE SON ACCIONES DIGNAS DE UN HÉROE.
¡TODO ES UN MERO NEGOCIO!
¡ACEPTAMOS EL TRABAJO SUCIO QUE NADIE MÁS QUIERE HACER!
POR DINERO.
EL PODER DE ESTAS BESTIAS ES PROPORCIONAL A LOS BENEFICIOS QUE SE EXTRAEN DE ELLAS.
ÑUG
コキ...
POR ESO QUIERO A CAPERUCITA...
¿¡QUÉ!?
LA MÁS FAMOSA, LA MÁS PODEROSA DE ELLAS...
ME PARECE QUE TU BISABUELA NO TE HA EXPLICADO GRAN COSA.

NO...
¡ESO NO ES VERDAD!
¡¡LA ABUELA...!!
AHÓRRATELO, WAKABA.
VOY A ACABAR CON ELLA.
¡¡NI HABLAR!!
MAIA NO TIENE LA CULPA, ¡LA HAN OBLIGADO A HACERLO!
¡ESTÁS CAYENDO EN SU TRAMPA!

ÑUG
TRANQUILA, NI SIQUIERA TENDRÁ TIEMPO DE SUFRIR.
¡¡NO SEAS IDIOTA!!
...!!

AHORA...
MAIA.
PLAC
TAP
¡¡ESTO NO QUEDARÁ ASÍ!!

¡¡ALTO!!
ACÉRCATE UN SOLO PASO A MAIA...
Y NO DUDARÉ EN DESTRUIR A LA DUEÑA Y SU GRIMORIO.
...
DIME, PIMPOLLO.
¿ERES TÚ...
QUIEN LE HA HECHO ESO EN EL BRAZO?
OH. DE MODO QUE YA HAS TENIDO OCASIÓN...
DE ADMIRAR MI OBRA...
LA TORTURA NO ES MI PRINCIPAL OCUPACIÓN...
PERO... JU, JU...
NO CREO QUE TENGA NADA QUE ENVIDIAR A LOS PROFESIONALES.
QUIZÁ NO SEA EL TEMA MÁS ADECUADO PARA TRATAR CON UNA SEÑORITA.
AUNQUE... BIEN PENSADO...

TÚ Y YO ESTAREMOS JUGANDO JUNTOS MUY PRONTO.
HE DECIDIDO MATARTE CON MIS PROPIAS MANOS.
ESO ESPERO.
ME GUSTA ESA PASIÓN.
AHORA DIME, ¿CÓMO PIENSAS ENCONTRARME...
ENTRE TODA LA GENTE QUE LLENA ESTE LUGAR?
SERÉ TU NUEVO AMO ANTES DE QUE TE DES CUENTA.
SIÉNTATE Y DISFRUTA DEL ESPECTÁCULO. JU, JU... JU, JU, JU...

ÑIG
ÑIIIG
ÑIIIG
TRAC
TRAC
TRAC
TRAC
FSHUOOO
ÑIG
ÑIIIG
ÑIG
ÑIG
ÑIG
ÑIIIG
ÑIIIG
VAMOS, WAKABA.
FSHUOOO
ENTRÉGAME EL GRIMORIO.

...
MAIA...
PULGARCITA (MAIA) BESTIA DEL LIBRO
YA ES SUFICIENTE, MAIA...
AUNQUE HAYAS SELLADO UN PACTO CON ÉL, NO TIENES POR QUÉ OBEDECER SUS ÓRDENES A REGAÑADIENTES.
¡NO LO HAGO A REGAÑADIENTES!
PAPÁ ME HA PROMETIDO...
QUE CUANDO CAPERUCITA ROJA ESTÉ BAJO SU CONTROL...
YO AL FIN SERÉ LIBRE.

Y ENTONCES NADA ME IMPEDIRÁ...
FIRMAR EL PACTO CONTIGO.
¡JU, JU, JU!
ESTARÁS MUY BIEN CONMIGO, ¡YA VERÁS!
¡MUCHO MEJOR QUE CON ESA BRUTA DE CAPERUCITA!
POR FAVOR, WAKABA...
ESO...
NO VA A PASAR.
¿EH?
NO ESTÁ BIEN, MAIA.
NO ESTÁ BIEN.

NO PUEDES HACER...
QUE ALGUIEN TE QUIERA POR LA FUERZA.
POR MUCHO QUE LO DESEES...
NUNCA...
NUG
!?
FSHUUU

¡¡DÁMELO!!
¡¡O PREPÁRATE PARA MORIR!!
¡¡NO LO DIRÉ DOS VECES!!
YA... ¡¡YA ES SUFICIENTE, MAIA!!
FSHUOOO
¡YO SÉ QUE ERES UNA BUENA CHICA!
¡¡MENTIRA!!
¡¡TÚ ME ODIAS!!
¡¡PUEDES OBLIGAR A LA GENTE!!
¡¡PUEDES HACERLO!! ¡¡PAPÁ LO HIZO!!

EL ABUELO ERA TAN BUENO CONMIGO...
PERO LUEGO LLEGÓ PAPÁ Y ME OBLIGÓ A IRME CON ÉL.
CUANDO... HAS DICHO QUE TU ABUELO MURIÓ...
¡¡...!!
¡¡YO HARÉ LO MISMO!! ¡¡TE OBLIGARÉ A VENIR CONMIGO!!
TIENES...
¡¡TIENES QUE SER MI NUEVA SEÑORA, WAKABA!!

MAIA...
DEJA YA ESA FARSA BARATA.
PA... ¿PAPÁ?
ACABA CON ESTO DE UNA VEZ.
¿QUE ACABE CON...?
ARRANCAREMOS EL GRIMORIO DE SU CADÁVER.
ESO NO ES LO QUE ME DIJO...
ÑIIIG
ME PROMETIÓ QUE PODRÍA SELLAR EL PACTO CON ELLA...
ME LO JURÓ...
ÑIIIG
ÑIIIG
ÑIIIG
AHORA QUE LO DICES...
SÍ, LO RECUERDO.

ME TEMO...
QUE TE MENTÍ.
TENÍA QUE HACERLO...
TEKE
PARA QUE TE ESFORZARAS CON TODAS TUS FUERZAS.
TEKE
¡¡GUSANO!!
TEKE
FIUUU
AUNQUE SOLO HAYA SIDO UNA TARDE, AHORA SABES LO QUE ES TENER UNA AMIGA.
FIUUU
DEBERÍAS DARME LAS GRACIAS.
¡¡...!!
ADELANTE, MAIA.
ES HORA DE ACABAR.

"SEÑOR DE LA NOCHE SIN FIN...
SUEÑO DEL QUE NO HAY DESPERTAR...
COMO GUARDIÁN DEL PINCEL QUE ME HA SIDO CONFIADO..."
¡¡NO!! ¡¡NO SIGA, PADRE!!
¡NO VOLVERÉ A DECIR QUE QUIERO SER LIBRE!
¡¡POR FAVOR!!
"ORDENO A LA BESTIA DEL LIBRO QUE SUSPENDA SU FINAL..."
¡¡PERDÓNELE LA VIDA!!
¡¡WAKABA ES MI ÚNICA AMIGA!!
DEJA DE HABLAR COMO UNA NIÑA INOCENTE.
YA HAS HECHO ESTO ANTES.
TUS MANOS...
ESTÁN MANCHADAS DE SANGRE.

¿O ACASO HAS OLVIDADO CÓMO ASESINASTE...
A ESE SUCIO VIEJO SIGUIENDO MIS ÓRDENES?
¡¡MAIA!!
"¡¡TEJE LAS PALABRAS DE UN NUEVO INICIO!!".
あ゛あ゛あ゛
¡NOOOOO!
あ゛あ゛あ゛
¡NOOOOO!

DEJA CAER...
A ESA NIÑA.
FSHUUUU

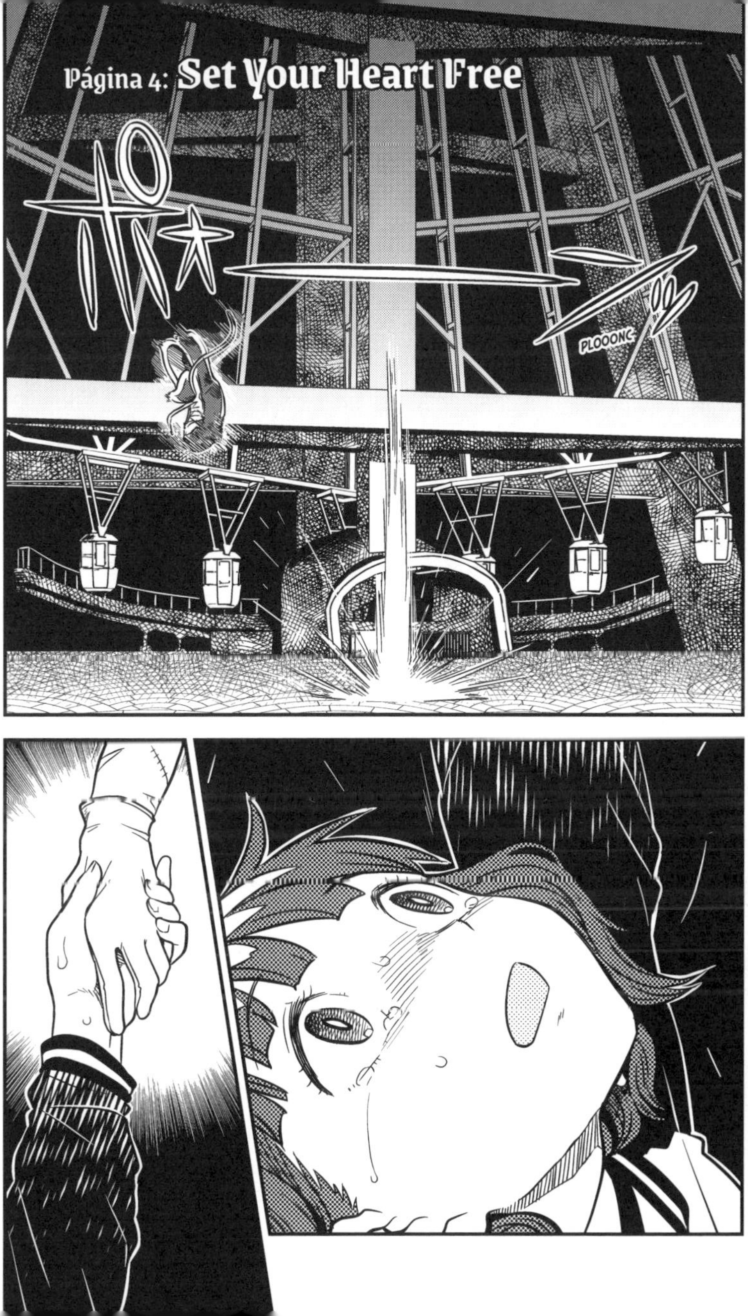
Página 4: Set Your Heart Free
PLOOONC

FSHUUU
¡¡...!!
¡¡MAIA!!

¡MGHUOOO!
MA... ¿¡MAIA!?
FSHUOOO
¡¡WAKA-BA!!
パチッ
CREP
パチッ
CREP
¡¡DATE PRISA!!
¡¡SUBE A LA NORIA!!
パチッ
CREP
パチッ
CREP
¿¡QUÉ HACES, MAIA!?
HMG...
¡MALDITA SEA! ¡NO VEO NADA DESDE AQUÍ!

¡IGH!
FSHUOOC
MA...
¿MAIA...?
CREP
CREP
CREP
RESPÓNDEME, QUERIDA.
¿QUÉ OCURRE?
¿¡QUÉ ESTÁS HACIENDO, ENANA DEL DEMONIO!?
LAS CHISPAS QUE VES...
SON UNA SEÑAL DE QUE LA BESTIA SE OPONE A SU ALIADO.

PREFIERE MORIR...
A CUMPLIR TUS ÓRDENES.
CREP
CREP
CREP
YA TE TENGO. ♥
VAYA...
HAS ENCONTRADO UN BUEN ESCONDRIJO.

ES COMO VERLO TODO...
DESDE EL PALCO DE HONOR. ¡ME GUSTA!
TUS GRITOS NO LLEGARÁN A LA COSTA.
ES EL LUGAR PERFECTO PARA UNA EJECUCIÓN.

MAIA, ESCÚCHAME... ¡¡TIENES QUE DESTRUIR SU GRIMORIO!!
¡¡DEBES PROTEGERME!!
RÁPIDO...
NI HABLAR.
CREEEC
¿ME OYES, WAKABA?
SUBE AHORA MISMO A LA NORIA.
¡AAAH!
¡AAAH!
¡AAAH!
MAIA VA A DESAPARECER DE ESTE MUNDO.

SE ESTÁ OPONIENDO AL HECHIZO DE ATADURA.
¿CAPERUCITA?
DESAFIAR UNA ORDEN DIRECTA...
HACE QUE NUESTRO GRIMORIO QUEDE CONSUMIDO POR LAS LLAMAS.
NO PERMITAS QUE SU SACRIFICIO SEA EN VANO.
パチ... CREP
パチ CREP
パチ... CREP
...NTO.
WAKABA, LO SIENTO.

SI TE DEJO CAER, ESTARÉ OTRA VEZ SOLA.
SI TE AYUDO, MORIRÉ Y TAMBIÉN ESTARÉ SOLA.
TAL VEZ... YA NO HAYA SALVACIÓN PARA MÍ...
PERO PREFIERO QUE TÚ PUEDAS VIVIR.
WAKABA... DIME...
QUE TE ACORDARÁS DE MÍ...
QUE NO ME ODIAS... POR LO QUE TE HE HECHO...
NO LLORES, MAIA.

YA HA PASADO TODO.
¡JE!
FLOP

¡WA...!
¡WAKABA!
¿QUÉ HA HECHO?
NO PUEDE SER...
¡MALDITA IDIOTA!

¿¡A QUIÉN SE LE OCURRE SACRIFICAR SU VIDA...
PARA ASEGURARSE DE QUE LA CRÍA CUMPLE SU PARTE DEL PACTO!?
¡¡ME LAS PAGARÁS, IDIOTAAA!!
¿¡INTENTAS PEDIRME QUE LLEGUE A TIEMPO!?
¿¡ES ESO!? ¿¡ES ESOOO!?
¡¡TÚ LO HAS QUERIDO!!
¡¡AHORA VERÁS DE LO QUE SOY CAPAZ!!
FIUUUM

FIUUUM
RIC
RIC
RIC
RIC
¡YA VIENE!
FRUM
¡ES CAPERUCITA! ¡SIENTO QUE SE ACERCA A MÍ!
TENGO QUE HACER TODO LO POSIBLE POR AGUANTAR...
¡POR POCO QUE SEA!
¡CHAAAN!
CREC

CLAAANG

¡AH!
¡AFH!
¡AH!
¡AH!
ÑIG
ÑIG
HAS VENIDO A SALVAR-ME...
GRACIAS, CAPERUCI-TA.
ÑIG

¡AFH!
¡AH!
¡JO-DER! HE CHOCADO DE FRENTE A TODA VELOCIDAD...
¡ME DUELE TODO!
¡AH!
¡AFH!
AH
AH
AH
YO... CREÍA QUE IBA...
A MORIR...
AH
¡NO TIENES NINGÚN DERECHO A QUEJARTE, BRUJA!
¡CONTABAS DESDE EL PRINCIPIO CON QUE VINIERA A AYUDARTE!
BUH...
CLA... ¡CLARO QUE CONTABA CONTIGO!
BUH...
BUH...
SABÍA QUE VENDRÍAS A SALVARME...
BUH...
AQUÍ ESTÁ...
ES LA ÚLTIMA PÁGINA DEL GRIMORIO DE MAIA.
SOLO TIENES QUE TACHAR LA FIRMA CON UNA DOBLE RAYA.

FSHUOOO
YA ESTÁ.
EL CON-TRATO HA QUEDADO ANULADO.
AHORA...
ES LIBRE.
GRA-CIAS...
CAPERU-CITA.
¡HMP
NO CREAS QUE LO HE HECHO POR TI NI POR LA CRÍA.
NO PODÍA DEJAR QUE ESE CAPULLO SE SALIE-RA CON LA SUYA.

PLIC
ESTABA EQUIVOCADA CONTIGO.
ERES MUCHO MÁS...
¿TE PASA ALGO?
¿CAPERUCITA?
DIBUJA LO QUE SEA, WAKABA.
VAMOS A NECESITAR UN ARMA QUE NOS MANTENGA A SALVO.
BROOOM

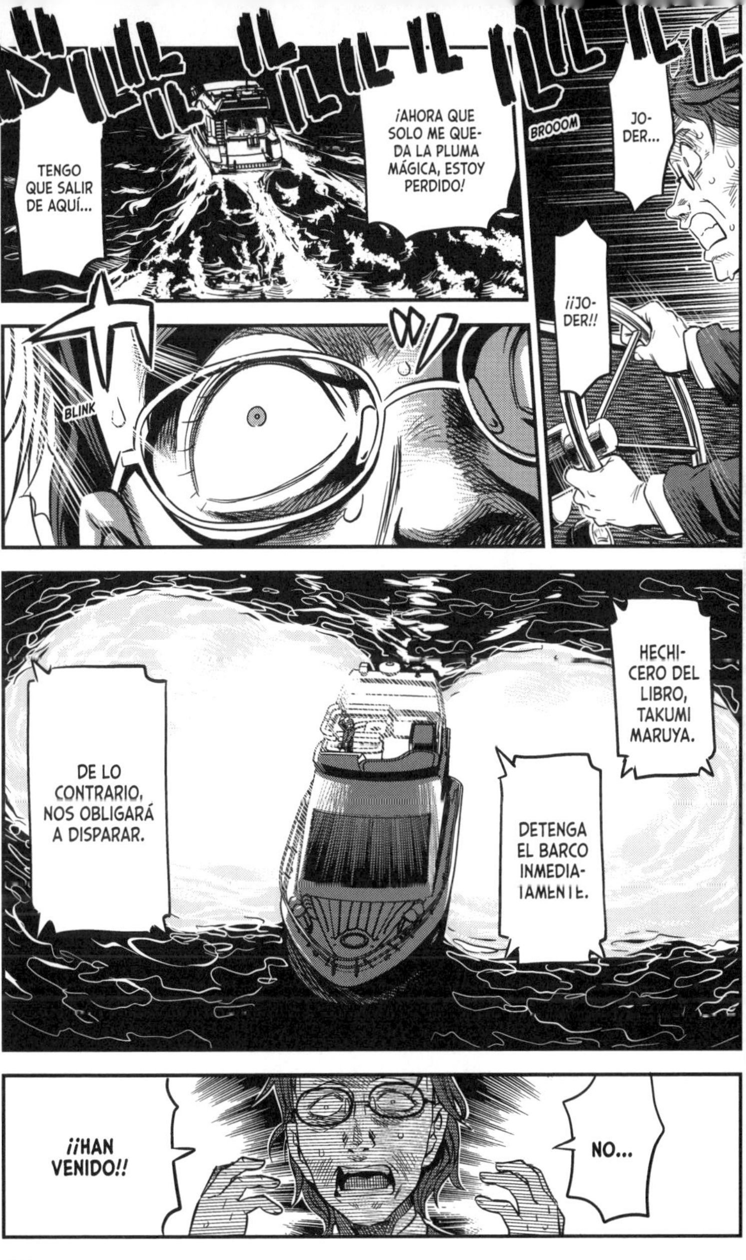
JO-DER...
BROOOM
¡¡JO-DER!!
¡AHORA QUE SOLO ME QUEDA LA PLUMA MÁGICA, ESTOY PERDIDO!
TENGO QUE SALIR DE AQUÍ...
BLINK
HECHICERO DEL LIBRO, TAKUMI MARUYA.
DETENGA EL BARCO INMEDIATAMENTE.
DE LO CONTRARIO, NOS OBLIGARÁ A DISPARAR.
NO...
¡¡HAN VENIDO!!

ZUM
ZUM
ZUM
ZUM

TÚ DE-BES...
DE SER WAKABA.
FLAP
FLAP
FLAP
FLAP
FLAP
FLAP
¡¡MAIA!!

FLAP
FLAP
FLAP
FLAP
FLAP
FLAP
FLAP
TAP
TAP
TAP
TAP
ZUM
WAKABA...
TEKE
TEKE
NECESITO UN ARMA...
ZUM
ZUM
CALMA, NO QUEREMOS MALENTENDIDOS.
ZUM
ZUM
DIRECTORA HOSHIKAWA...
ADELANTE, RINDÔ.
YO ME ENCARGO.
ME LLAMO MIFUYU HOSHIKAWA.
SOY GESTORA DE RIESGOS PARA LA GESELLSCHAFT.

ヒュン ZUM
¿LA GESELLS-CHAFT...?
BUENO, EL NOMBRE OFICIAL ES INTERNATIONALE GESCHICHTS-MANAGEMENT GESELLSCHAFT. SOMOS UNA ORGANIZACIÓN INTERNACIONAL PARA LA GESTIÓN DE LA HISTORIA.
TEKE
QUIZÁ SEA MÁS SENCILLO...
QUE PENSÉIS EN NOSOTROS COMO EN UNA ORGANIZACIÓN INTERNACIONAL DE POLICÍA GESTIONADA POR HECHICEROS.
ZUM
HMPF. ¿Y POR QUÉ NO HE OÍDO HABLAR DE VOSOTROS?
ENTONCES, ¿ES CIERTO QUE HAS PASADO TODO ESTE TIEMPO DURMIENDO?
LA ORGANIZACIÓN SE CREÓ DESPUÉS DE LA GUERRA EN LAS REGIONES QUE HABÍAN ESTADO CONTROLADAS POR EL EJE. ES NATURAL QUE NO SUPIERAS DE NUESTRA EXISTENCIA.
¿SIGUES PREOCUPADA POR PULGARCITA?
TRANQUILA, NUESTRA PRIORIDAD AHORA ES ESTABILIZARLA.
LOS EXPERTOS DE LA GESELLSCHAFT LE PROPORCIONARÁN EL TRATAMIENTO ADECUADO.

TAKUMI MARUYA, HECHICERO INDEPEN-DIENTE...
QUEDA ARRES-TADO BAJO SOS-PECHA DE HABER ASESINADO A UN MIEMBRO DE LA GESELLSCHAFT.
¡CONFIESO! ¡CONFESARÉ TODO LO QUE QUERÁIS...!
LLE-VÁOSLO DE AQUÍ ENSE-GUIDA.
¡DEPRI-SA!
¡ENCE-RRADME! ¡SACAD-ME DE AQUÍÍÍ!
¡¡PERO ALEJADME DE ESE MONSTRUO!!
SERÁ DU-RAMENTE CASTIGA-DO.
EL HONOR DE LA GE-SELLSCHAFT DEPENDE DE ELLO.
¡AAAH!
¡AAAH!
AHORA DEBO PEDIRTE QUE DEJES ESTE ASUNTO EN NUESTRAS MANOS.
...

ヒューン ZUM
ヒューン ZUM
ヒューン ZUM
ヒューン ZUM
ヒューン… ZUM
POR...
POR FIN SE ACA-BÓ...
¡JU...!
JU... JU, JU, JU.
JA, JA, JA...
JA, JA, JA, JA.
JA, JA, JA, JA, JA, JA...
JA, JA, JA, JA, JA...
JA, JA...

¿EH?
¿¡TE HAS VUELTO LOCA, WAKABA!?
ドガッ
ÑUUUG
TAP
ZUUUM

ZUM
ZUM
ZUM
¿ES QUE TODO EL MUNDO HA PERDIDO LA CABEZA?
NO, ESTO NO HA ACABADO...
ZUM
NO VOY A PERMITIR QUE UN PERVERTIDO...
QUE DISFRUTA HIRIENDO A NIÑAS SE PUDRA EN LA SEGURIDAD DE UNA CELDA. ¿ESO ES UN DURO CASTIGO?
ZUM
ZUM
ME NIEGO A DEJAR SU EJECUCIÓN...
EN MANOS DE UNOS COMPLETOS DESCONOCIDOS.
ZUM
ZUM
ZUM
¡CAPERUCITA ROJA!
¡SUELTA A ESE HOMBRE!
¿Y BIEN? ¿QUIERES QUE TE ENCIERREN?
¿QUIERES QUE TE ALEJEN DE MÍ?

¡TUS DESEOS...
SON ÓRDENES!
¡¡TIENES QUE DETENER ESTO, WAKABA!!
¡¡DILE QUE PARE!!
¡¡NO LO HAGAAAS!!
FUM

BOOOM

HAHAHA! DIESES IST ES. ES IST NUN GEFUNDEN.
(¡JA, JA, JA! AHORA LO VEO. POR FIN LO HE ENCONTRADO.)
パラ
パラ
パラ
パラ
パラ
パラ
パラ
SHAAAF
SHAAAF
FREUDE, SCHÖNER GÖTTERFUNKEN, TOCHTER AUS ELYSIUM.
(¡ALEGRÍA, HERMOSO DESTELLO DE LOS DIOSES, HIJA DEL ELÍSEO!)
WIR BETRETEN FEUERTRUNKEN. HIMMLISCHE, DEIN HEILIGTUM!
(EBRIOS DE ENTUSIASMO ENTRAMOS, DIOSA CELESTIAL, EN TU SANTUARIO.)

パラ
SHAAAF
DEINE ZAUBER BINDEN WIEDER, WAS DER MODE SCHWERT GETEILT.
(TU HECHIZO UNE DE NUEVO LO QUE LA ACERVA COSTUMBRE HABÍA SEPARADO.)
BETTLER WERDEN FÜRSTENBRÜDER. WO DEIN SANFTER FLÜGEL WEILT.
(EL POBRE SE VUELVE HERMANO DEL REY ALLÍ DONDE SE POSA TU ALA SUAVE.)
¿NO OS SENTÍS MEJOR?
AHORA SÍ.
POR FIN HA ACABADO TODO.
VÁMONOS.
スタッ
TAP
OLVÍDATE DE ESTA GENTE.
NOS VAMOS A CASA, WAKABA.
フッ
FRUP

DJIIIN
PLOP

ZUIIIN
¿EH...?
HA TEKE
¿¡EH!?
HA TEKE
HA TEKE
HA TEKE
¿¡EH!?
UNA BESTIA SIEMPRE SERÁ UNA BESTIA...
HABRIA SIDO MEJOR QUE NO TUVIERAS NOCIONES DEL LENGUAJE HUMANO. ES DESCONCERTANTE.
SE-RÁS...

NO PODEMOS PERMITIR QUE SIGA ADELANTE, SEÑORA.
SOLICITO PERMISO PARA PROCEDER.
ME TEMO QUE NO TENEMOS ALTERNATIVA.
¿EH...?
¿¡EH!?
QU... ¿QUÉ VAIS A HACER?
SEÑORITA ÔMUGI...
¿ALGUNA VEZ LE HA TIRADO UNA PELOTA A UN PERRO?
ES UN MODO DE ADIESTRARLO PARA QUE COMPRENDA QUIÉN ES SU AMO.
SOLO ASÍ APRENDERÁ QUIÉN MANDA.
PERMITA QUE SE LO DEMUESTRE.

¿CON QUIÉN ESTÁS HABLAN-DO?
VAMOS, DIME TU NOMBRE Y TE ESCU-CHARÉ.
ZUIIIN
TCHAC
TOMA.
¿QUIERES TU HUESO, SACO DE PULGAS?

ZUM
VE A RECO-GERLO.
PLOC
SI NO TE GUSTA...
PUEDO CORTAR MÁS PARA QUE VAYAS A POR ELLOS.
TEKE
LO REPETI-REMOS LAS VECES QUE HAGA FALTA HASTA QUE LO ENTIEN-DAS...
TEKE
CHUCHO.
TEKE
¿¡EH...!?

JU...
JU, JU, JU...
DE ACUERDO.
ACEPTO MI DERROTA...
NO VAS A DECIRLE TU NOMBRE A UN CHUCHO CALLEJERO.
¿QUÉ NOMBRE TE HA PUESTO TU AMO...
PERRITO FALDERO?

ZRAAAT

ME LLAMO SHIZUKU RINDÔ.
SOY UNA HE-CHICERA DEL LIBRO QUE TRABAJA PARA LA GESELLS-CHAFT.
¡HMG!
メキッ CREC
メキッ CREC
メキッ CREC
NO HACE FALTA QUE LO RECUERDES.

DJIIIN
HA LLEGADO LA HORA...
DE TU EJECUCIÓN.
¡CAPERUCITAAA!

AVANCE DEL SIGUIENTE VOLUMEN
!?
¡BLEEEGH!
CAPERUCITA ROJA QUEDA FUERA DE CONTROL.
WAKABA NO LOGRA CONTENER A LA BESTIA.
LA GESELLSCHAFT DECLARA SU EJECUCIÓN Y CIERRA EL CERCO EN TORNO A SUS RIVALES. ¡LA GUERRA ENTRE LAS BRUJAS NO TARDARÁ EN ESTALLAR!
¿QUÉ SERÁ DE ESTA AMISTAD RECIÉN FORMADA?
CRIMSON GRIMOIRE 2
EL GRIMORIO CARMESÍ
¡A LA VENTA PRÓXIMAMENTE!

CRIMSON GRIMOIRE 1

Publicación de Panini España. S.A.
C. Vallespí, 20. 17257 Torroella de Montgrí (Girona)
ISBN 978-84-1334-765-3

Traducción: Maite Madinabeitia
DARUMA Serveis Lingüístics, S.L.
Realización: Estudio Editorial Plaza SL (José Óscar Plaza, Oriol Espinal y Loreto Cabaleiro)

Depósito Legal: DL GI 1053-2020
Impreso en España/Printed in Spain

www.paninicomics.es

FSC www.fsc.org
MIXTO
Papel procedente de fuentes responsables
FSC® C109440